LA LOI DU 26 JUIN 1889

et

LA CONDITION

DES

ÉTRANGERS

par

V. LERAY

LICENCIÉ ÈS-SCIENCES MATHÉMATIQUES
DOCTEUR EN DROIT
RÉPÉTITEUR DE DROIT

Prix : 1 fr. 25

PARIS

V. LERAY	F. MAS, Imprimeur.
29, Avenue des Gobelins, 29	194, Avenue du Maine, 194

1891

LA LOI DU 26 JUIN 1889

et

LA CONDITION

DES

ÉTRANGERS

par

V. LERAY

LICENCIÉ ÈS-SCIENCES MATHÉMATIQUES

DOCTEUR EN DROIT

RÉPÉTITEUR DE DROIT

PARIS

V. LERAY	F. MAS, Imprimeur.
29, Avenue des Gobelins, 29	194, Avenue du Maine, 194

1891

CHAPITRE PREMIER

NATIONALITÉ

Section I. — Généralités et Historique.

La nationalité est le lien juridique qui rattache les personnes à un État déterminé. Le 1er avril 1882, M. le sénateur Batbie, professeur à la Faculté de Droit de Paris, présenta un projet de loi sur la nationalité. Ce projet, profondément modifié par le Conseil d'État et les Chambres, est devenu la loi du 26 juin 1889, qui a abrogé les lois antérieures sur la matière, et a remanié les articles 7 à 13 et 17 à 21 du Code Civil.

Posons d'abord quelques règles générales. On sait que le Droit privé réglemente les intérêts des particuliers; que, d'autre part, le Droit public s'occupe de la constitution politique de l'État, des rapports entre gouvernants et gouvernés, en étant la source des droits civiques et politiques (Droit de vote, d'éligibilité, etc.)

Les droits civils et les droits politiques sont donc indépendants les uns des autres et régis par des lois distinctes; mais il est un point certain : La jouissance de ces divers droits est subordonnée à la qualité de Français. Il faut alors rechercher qui est Français. Cette question a reçu des solutions bien différentes, avant celle donnée par le législateur de 1889.

Dans notre ancien Droit, étaient Français : 1° *Jure sanguinis*, les enfants nés, même en pays étranger, de parents français ; 3° *Jure soli*, les enfants nés en France, même de parents étrangers.

La Révolution modifia ces principes en exigeant que les enfants nés en France de parents étrangers et ceux nés à l'étranger de parents français manifestassent d'une manière certaine leur volonté d'être Français (Constitution du 14 sept. 1791) ; et même, à partir de la Constitution du 5 fructidor an III, tout homme, bien que né et résidant en France, n'était citoyen français que si, à 21 ans accomplis, il se faisait inscrire sur le registre civique de son canton, et payait une contribution.

Les rédacteurs du Code civil se montrèrent hostiles au principe de l'acquisition, *jure soli*, de la qualité de Français. Pour eux, la filiation seule pouvait déterminer la nationalité. C'était exagéré. En effet, on refusait ainsi la qualité de français à tous les étrangers établis à demeure dans notre pays ; or ces étrangers avaient, en France, à peu près les mêmes avantages que les nationaux, tout en échappant aux plus lourdes obligations de ceux-ci, particulièrement au service militaire.

La loi du 7 février 1851 commença la réaction contre le principe posé par les rédacteurs du Code; l'article 9, Code civ., décidait que tout individu, né en France d'un étranger, était présumé étranger, mais qu'il avait le droit, en fixant son domicile en France, de réclamer, à sa majorité (telle qu'elle était fixée par la loi étrangère), la nationalité française. La loi du 7 février 1851 disposa que tout individu né en France d'un étranger *qui lui-même y était né*, était français, *à moins* que, dans l'année de sa majorité (majorité fixée par la loi française), il ne réclamât la qualité d'étranger par une déclaration émanée de lui. Cette déclaration, que l'étranger faisait toujours, dut, d'après la loi du 16 décembre 1874, être accompagnée de la justification, d'avoir conservé sa nationalité d'origine, par une attestation émanée du gouvernement du pays auquel cet étranger appartenait. La loi de 1889 a déclaré français, sans réclamation possible, l'individu né en France d'un étranger qui, lui-même, y est né.

Les lois de 1851 et de 1874 étendirent également l'application de l'ancien article 9 à d'autres hypothèses spéciales. Il en fut de même des lois du 22 mars 1849, 14 février 1882 et 28 juin 1883. Enfin la loi du 26 juin 1889 a fondu toutes ces lois en une seule. Un règlement d'administration publique, en date du 13 août 1889, a complété la loi du 26 juin 1889 et certains points de détail ont été réglés par une circulaire adressée par le Garde des Sceaux aux Procureurs généraux, le 23 août 1889.

Section II. — Quels sont les français de naissance.

§ 1. ENFANT NÉ D'UN FRANÇAIS. — Que la naissance ait lieu en France ou à l'étranger, tout individu, *né* d'un français, est français (nouvel art. 8, C. civ.).

Si donc le père a changé de patrie entre le jour de la conception et celui de la naissance, c'est au moment de la naissance de l'enfant qu'il faut se placer pour déterminer la nationalité du père et, par suite, celle de l'enfant.

Il peut arriver qu'on ne sache pas immédiatement si un individu est, ou non, né d'un français : il suffit de supposer qu'un enfant naturel n'ait pas été immédiatement reconnu. L'enfant naturel mineur , décide la loi nouvelle (art. 8, C. civ.), suit la nationalité de celui des parents à l'égard de qui la reconnaissance a eu tout d'abord lieu. Si cette reconnaissance résulte, pour le père et la mère, du même acte ou du même jugement, l'enfant suit la nationalité du père.

§ 2. LA NATIONALITÉ DES PARENTS EST INCONNUE. — Tout individu, né en France de parents inconnus ou dont la nationalité est inconnue, est français; chacun doit avoir une patrie : il est naturel d'attribuer, jusqu'à preuve contraire, la patrie française à celui qui est né en France : c'est une application du *jus soli*. Quand la loi dit : *parents inconnus*, elle entend ceux que l'on ne connaît pas du tout et ceux qui, connus en fait, ne peuvent pas se faire connaître en droit : les enfants adultérins ou incestueux, en effet, ne peuvent être reconnus. Cependant si, exceptionnellement, la filiation adultérine est certaine (par exemple au cas de désaveu de paternité), la nationalité de l'auteur connu est celle de l'enfant.

§ 3. EST FRANÇAIS TOUT INDIVIDU NÉ EN FRANCE D'UN ÉTRANGER QUI LUI MÊME Y EST NÉ. — Cette innovation est la plus importante de la loi nouvelle. La nationalité ne dépend plus exclusivement, désormais, de la filiation, du *jus sanguinis*. Elle dépend, dans ce cas, du *jus soli*, et elle est acquise sans aucune condition de domicile ni de résidence en France. Avant la loi de 1889, les individus nés en France d'un étranger qui lui même y est né, étaient Français sous condition résolutoire; maintenant ils sont français de plein droit, et doivent, comme tels, le service militaire. D'ailleurs, ils sont français au point de vue de l'esprit, des tendances, des habitudes, des mœurs; on a le droit de leur supposer un véritable attachement pour le pays où leur père et eux-mêmes sont nés, où ils ont été élevés, où ils ont leurs intérêts, leurs relations, leurs amitiés.

§ 4. FRANÇAIS SAUF OPTION. — Est français, dit encore l'article 8, nouveau, du Code civil, tout individu né en France d'un étranger et qui, à l'époque de sa majorité, est domicilié en France, *à moins* que dans l'année qui suit sa majorité, telle qu'elle est réglée par la loi française, il n'ait décliné la qualité de français. L'enfant, peut-on dire pour justifier cette disposition, l'enfant qui réunit la double condition d'être né en France et d'y être domicilié à l'époque de sa majorité, qui, par conséquent, doit être présumé l'avoir habitée pendant sa minorité, peut à juste titre être considéré comme lui étant attaché par des liens puissants. La France est son pays natal, il y a été élevé, il ne connaît point d'autre patrie : Pourquoi, dès lors, ne serait-il pas considéré comme un français d'adoption ? Ainsi, à sa majorité, l'individu domicilié et né en France est considéré comme français de naissance. A cette majorité, il peut opter pour la nationalité étrangère : à quelles conditions ? Il doit :

1º Décliner la qualité de Français au moyen d'une déclaration reçue par le Juge de Paix de son canton;

2º Prouver qu'il a conservé la nationalité de ses parents par une attestation de son gouvernement, laquelle doit demeurer annexée à la déclaration. Cette attestation sera, en pratique, assez difficile à obtenir ;

3º Produire, *s'il y a lieu,* un certificat constatant qu'il a répondu à l'appel sous les drapeaux conformément à la loi militaire de son pays. Il ne faut pas que, en réclamant la qualité d'étranger, il échappe au service militaire en France et dans son pays d'origine. Aux yeux du législateur de 1889, il y a une corrélation certaine entre service militaire et nationalité. « *S'il y a lieu* », dit la loi. En effet, il y a des pays où le service militaire n'existe pas, ou n'est pas obligatoire (Ex. : Angleterre). Inutile d'ajouter que cette troisième condition ne peut s'appliquer qu'aux domiciliés mâles.

Ces formalités ou justifications doivent être accomplies dans le cours de la vingt-deuxième année; si elles l'ont été, les domiciliés, nés en France, de parents étrangers, *perdent* la qualité de Français (art. 17, nouv., C. civ.).

L'option est, d'ailleurs, irrévocable. Les mineurs, français de plein droit sauf option à leur majorité, peuvent renoncer à l'avance, par l'intermédiaire de leur représentant légal, au droit de décliner la qualité de Français dans leur vingt-deuxième année.

Section III. — Acquisition de la nationalité française.

§ 1. Comment on acquiert la nationalité française. — On l'acquiert de deux façons : par le bienfait de la loi (de plein droit, sans l'autorisation du gouvernement), ou par la naturalisation.

Principe : Un majeur seul est capable de changer de patrie.

A. *Bienfait de la loi.* — Depuis la loi du 26 juin 1889, il n'y a plus que trois modes d'acquisition de plein droit, et sans l'autorisation du gouvernement, de la qualité de Français.

a) Individus nés en France d'un étranger. — Il s'agit ici des individus nés, sur le territoire français, de parents étrangers (qui n'y sont pas nés), et qui, à leur majorité, ne sont pas domiciliés en France (C. civ., art. 9, nouv.) Ils sont réputés étrangers de naissance ; mais ils ont le *droit* d'acquérir la nationalité française. Pour cela, ils doivent faire, devant nos agents diplomatiques ou consulaires à l'étranger, leur soumission de fixer leur domicile en France, s'y établir effectivement dans l'année qui suit, et réclamer expressément la qualité de Français, par une déclaration que reçoit le juge de paix (art. 6 et suiv., décret du 13 août 1889). Cette déclaration doit être faite avant l'âge de 22 ans, c'est-à-dire avant l'expiration de l'année qui suit l'âge de la majorité, tel qu'il est fixé par la loi française ; elle peut être faite pour les mineurs par leur père, leur mère, ou leur tuteur autorisé du conseil de famille. Elle n'a pas d'effet rétroactif. La qualité de Français n'est acquise que pour l'avenir (C. civ., nouv. art. 20).

Le même article 9 du Code civil se place encore à un autre point de vue. La loi nouvelle, préoccupée d'accroître le nombre des Français, décide que tout étranger, né en France, qui satisfait à la loi du recrutement sans exciper de son extranéité, est irrévocablement Français.

Il faut ici combiner la loi sur la nationalité avec la loi militaire du 15 juillet 1889. D'après l'article 13 de la loi militaire, les individus, nés en France d'étrangers, et résidant en France, sont portés, dans les communes où ils sont domiciliés, sur les tableaux de recensement de la classe dont la formation suit l'époque de leur majorité telle qu'elle est fixée par la loi française. Ils peuvent alors, soit réclamer contre leur inscription, en invoquant leur extranéité, au plus tard lors de leur convocation au conseil de révision, soit s'abstenir de réclamer. Dans ce dernier cas, ils sont Français.

b) Individus nés, soit à l'étranger, soit en France, de parents dont l'un a perdu la qualité de français. — **Principe.** — Tout individu né en France ou à l'étranger, de parents dont l'un a perdu la qualité de français, peut réclamer cette qualité, *à tout âge*, aux conditions fixées par le nouvel article 9 (art. 10). Français par le sang, cet individu peut avoir conservé l'amour de la patrie française, bien que l'un de ses parents ait perdu la qualité de français.

Il suffit donc que l'un des parents, légitime ou non, ait perdu (peu importe comment) la qualité de français pour que l'enfant puisse invoquer le bénéfice de l'article 10.

EXCEPTION. — L'enfant né d'un ex-français et qui, domicilié en France et appelé sous les drapeaux lors de sa majorité, revendique la qualité d'étranger, perd le droit de réclamer la qualité de français (art. 10, C. civ.).

c). Étrangère qui épouse un français. — L'étrangère qui épouse un français suit la condition de son mari (nouv. art. 12 §1ᵉʳ). Elle devient donc française de plein droit, qu'elle le veuille ou non. Si le mariage est nul, mais a été contracté de bonne foi par la femme, la jurisprudence conserve à celle-ci la qualité de française. Les auteurs admettent cette conséquence pour le cas où le mariage est seulement annulable, et la rejettent pour le cas où le mariage est radicalement nul.

B) **Naturalisation.** — On peut également devenir français par la naturalisation. À l'heure actuelle, la naturalisation est un acte souverain et discrétionnaire de la puissance publique, en vertu duquel un étranger acquiert le titre et les droits de citoyen français : C'est une faveur. Il n'en a pas toujours été ainsi.

a) Historique. — Sous l'ancien régime, il est vrai, la naturalisation était également une faveur, que le souverain accordait, ou non, suivant son bon plaisir.

Mais sous la période intermédiaire, la naturalisation devient un droit; l'intervention du gouvernement n'est plus nécessaire pour la conférer. Différentes lois astreignent simplement l'étranger qui veut devenir français, soit à prêter un serment civique, soit à fixer son domicile en France pendant un temps plus ou moins long, etc. Et quand ces conditions sont remplies, au moins au début de la Révolution, on est français, même sans l'avoir voulu.

Les rédacteurs du Code ne s'occupèrent pas de tracer les règles et d'indiquer les effets de la naturalisation, qui subsista telle qu'elle était antérieurement.

Or, en ne faisant dépendre cette naturalisation que de certaines conditions faciles à remplir, et en laissant de côté le contrôle, l'autorisation du Gouvernement, on s'exposait à protéger des individus qui étaient plutôt, pour le pays, un véritable danger. Aussi un décret du 17 mars 1809 rendit-il nécessaire l'autorisation du Gouvernement; ce principe, depuis lors, a toujours été admis.

Une ordonnance du 14 juin 1814 établit deux naturalisations. La *naturalisation simple,* accordée par le Chef de l'État, assimilait l'étranger naturalisé aux français, moins l'éligibilité aux Chambres. *La grande naturalisation,* accordée par une loi, conférait, en plus, le droit de pouvoir être membre de la Chambre des Pairs ou de celle des Députés. Le 5 mars 1848, un décret du Gouvernement provisoire supprima cette distinction. Il n'y eut plus qu'une seule naturalisation, la grande.

La loi du 3 décembre 1849 exigea, pour que la naturalisation pût être accordée : 1° que l'étranger eût été autorisé à établir son domicile en France ; 2° que, depuis cette autorisation, il eût résidé pendant 10 ans en France (un an s'il avait rendu au pays des services importants). La loi du 29 juin 1867 réduisit à 3 ans le délai de 10 ans fixé par la loi de 1849.

Ajoutons qu'un décret du Gouvernement de la Défense Nationale, en date du 26 octobre 1870, a accordé la naturalisation aux étrangers qui, ayant pris part à la défense de la France, en auraient fait la demande deux mois au plus tard après la cessation des hostilités.

La loi du 26 juin 1889 a indiqué, dans la seconde partie du nouv. art. 8 du C. civ., plusieurs cas de naturalisation. Avant de les étudier en détail, parlons de l'admission à domicile.

b) Admission à domicile. — L'étranger autorisé, par décret, à fixer son domicile en France, y jouit de tous les droits civils, dit l'art. 13 du Code Civil. Autrefois, l'étranger admis à domicile pouvait en rester là, avoir tous les avantages civils attachés à la qualité de Français, sans avoir à en supporter les charges. C'était exorbitant : depuis la loi du 26 juin 1889, la jouissance des droits civils ne peut plus être que temporaire, si elle n'est pas suivie de la naturalisation. L'effet de l'autorisation de domicile cesse à l'expiration de cinq années, si l'étranger ne demande pas la naturalisation, ou si la demande est rejetée. Art. 13.

L'étranger qui veut obtenir l'autorisation de fixer son domicile en France, adresse au Ministère de la Justice une demande rédigée sur papier timbré, acompagnée de son acte de naissance, de celui de son père, et d'un extrait du casier judiciaire français (art. 1er, décret du 13 août 1889). Il doit être majeur de 21 ans. Après une enquête sur la moralité du postulant, le gouvernement accorde ou refuse, à son gré, l'admission à domicile. L'autorisation peut toujours être révoquée.

L'étranger admis à domicile jouit d'avantages considérables que n'ont pas, en France, les étrangers ordinaires, et qui seront énumérés plus loin. De plus, cette autorisation de domicile peut conduire à la naturalisation.

c) NATURALISATION

Il y a plusieurs modes de naturalisation :

I. — *Naturalisation ordinaire.* — Les étrangers autorisés peuvent être naturalisés après trois ans de domicile en France, à dater de l'enregistrement, au Ministère de la justice, de leur demande d'admission à domicile. Rappelons qu'ils doivent demander la naturalisation dans le délai de cinq ans.

II. — *Étrangers résidant en France depuis 10 ans.* — Avant la loi de 1889, un étranger ne pouvait être naturalisé s'il n'avait été préalablement autorisé à établir, en France, son domicile ; la simple résidence de fait, quelle que fût sa durée, ne pouvait suffire.

Désormais, aux termes de l'article 8, Code civil, peuvent être naturalisés les étrangers qui justifient d'une résidence non interrompue pendant dix années. Est assimilé à la résidence en France, le séjour en pays étranger pour l'exercice d'une fonction conférée par le gouvernement français. »

III. *Naturalisations privilégiées.* — L'étranger qui a obtenu l'autorisation d'avoir son domicile en France peut être naturalisé au bout *d'un an* : 1° s'il a épousé une Française ; 2° s'il a rendu à la France des services importants, ou s'il a été attaché, à un titre quelconque, au service militaire dans les colonies et les pays de protectorat français ; — et dans plusieurs autres cas où sa présence en France est considérée comme utile au pays, par exemple s'il a créé des établissements industriels ou des exploitations agricoles (art. 8, nouv., Code civil).

L'étranger qui épouse une française doit, s'il veut obtenir la naturalisation après une année de domicile autorisé, produire l'acte de naissance de sa femme, et l'acte de naissance du père de celle-ci, si cet acte est nécessaire pour établir son origine française (art. 3, décret du 13 août 1889).

Au nombre des naturalisations privilégiées, il faut en mentionner une toute spéciale. Le 15 décembre 1790, une loi de la Constituante facilita l'obtention de la naturalisation pour les descendants des français proscrits à la suite de la révocation de l'Édit de Nantes. Revenir en France, y fixer son domicile, prêter le serment civique : telles étaient les trois conditions exigées par cette loi. Depuis la loi de 1889, le descendant de proscrit protestant qui veut recouvrer la nationalité française doit adresser une demande au ministre de la justice, et chaque naturalisation fait l'objet d'un décret spécial : le gouvernement est donc libre de refuser, même dans ce cas, la nationalité française.

IV. *Procédure de la demande de naturalisation.* — L'étranger qui demande la naturalisation doit, dans tous les cas, adresser au ministre de la justice une demande sur papier timbré, en y joignant son acte de naissance, un extrait du casier judiciaire, et, le cas échéant, son acte de mariage et les actes de naissance de ses enfants mineurs, avec la traduction de ces actes, s'ils sont en langue étrangère. Il est statué par décret, après enquête, sur la demande. Sous l'empire de la loi de 1867, ce décret ne pouvait être rendu que le Conseil d'État consulté. La loi nouvelle a supprimé cette formalité. D'ailleurs, alors comme aujourd'hui, le gouvernement avait un pouvoir discrétionnaire pour accorder, ou non, la naturalisation.

§ 2. — EFFETS DE L'ACQUISITION DE LA NATIONALITÉ FRANÇAISE.

A. *Effets quant à celui qui a acquis la nationalité française.*

a) Naturalisation. — Les droits que confère la naturalisation ne sont acquis que pour l'avenir ; exemple : le décret accordant la qualité de Français au descendant de protestant émigré ne produit d'effet que pour l'avenir (art. 4, loi 26 juin 1889).

L'étranger naturalisé depuis la promulgation de la loi nouvelle ne peut être élu *aux Assemblées législatives* que dix ans après le décret de naturalisation, à moins qu'une loi spéciale n'abrège ce délai qui peut être réduit à un an.

Sauf cette exception, l'étranger naturalisé jouit de tous les droits civils et politiques attachés à la qualité de citoyen français. Par exemple, il est immédiatement éligible aux fonctions de Conseiller général, d'arrondissement, municipal. Il peut être nommé Président de la République, Conseiller d'État, etc...

b) Bienfait de la Loi. — Les individus qui acquièrent la qualité de français dans les cas prévus par les articles 9, 10, 18 et 19 ne peuvent s'en prévaloir que pour les droits ouverts à leur profit depuis cette époque (art. 20, nouveau, C. civ.).

B. — *Effets par rapport à la famille du nouveau français.*

a) Acquisition de la nationalité française par naturalisation. — C'est uniquement, quoi qu'on en ait dit, dans l'hypothèse de la naturalisation que s'est en 1889, placé le législateur pour règlementer les effets de l'acquisition de la qualité de français par rapport à la famille du nouveau français. Il a estimé, et avec raison, qu'il était bon d'étendre, autant que possible, ces effets de la naturalisation à la femme et aux enfants du naturalisé, afin *d'assurer l'unité de législation dans la famille.*

I. *Condition de la femme.* — La femme, même séparée de corps, peut obtenir la qualité de française, en même temps que son mari et par le même décret, ou, postérieurement, par une déclaration analogue à celle de l'article 9. Mais le Gouvernement est toujours libre d'accorder ou de refuser, après enquête, à la femme, la naturalisation qu'il accorde au mari.

II. *Condition des enfants majeurs.* — 1° Les enfants *majeurs* peuvent, s'ils le demandent, obtenir la naturalisation par le même décret que leur père ou leur mère, sans aucune condition personnelle de stage.

2° Si l'enfant majeur est dans sa 22me année, il peut réclamer la nationalité française par une déclaration conforme à celle prescrite par l'art. 9. C'est une acquisition, par le bienfait de la loi, de la nationalité française.

III. — *Condition des enfants mineurs.* — Avant la loi du 26 juin 1889, les enfants mineurs avaient seulement le droit, en fixant leur domicile en France, de réclamer à leur majorité la nationalité de leur père naturalisé; désormais, ils deviennent de plein droit Français, en même temps que leur père ou leur mère. Mais la loi leur permet de réclamer leur nationalité d'origine dans l'année qui suit leur majorité française. La loi française se trouve ainsi, mieux que par le passé, en harmonie avec plusieurs lois étrangères, par exemple, avec celles de l'Allemagne, de l'Italie et de l'Angleterre, d'après lesquelles les enfants mineurs d'un père naturalisé à l'étranger doivent suivre sa condition. (art. 12 § 3, nouv., C. civ.). Mais elle contient un vice très grave. Les enfants mineurs dont nous parlons, étant français, peuvent être admis aux écoles du Gouvernement; on ouvre ainsi nos écoles militaires à des jeunes gens qui peuvent profiter de l'enseignement de ces écoles, et, à leur majorité, réclamer la nationalité étrangère. L'article 11 du décret du 13 août 1889 permet bien au mineur de renoncer par avance à la faculté de décliner la nationalité française; mais ici le décret a statué en dehors des limites que la loi de 1889 lui avait assignées. La légalité de cette disposition est donc fort incertaine.

b) Bienfait de la Loi. — Le décret du 13 août 1889 est encore sorti des limites à lui tracées par la loi du 26 juin 1889, en étendant les dispositions précédentes à la femme et aux enfants de celui qui devient Français, non plus par naturalisation, mais par le bienfait de la loi. La loi est muette sur ce point ; on ne saurait donc l'étendre, ici, par analogie.

APPENDICE.

L'acquisition de la nationalité française peut résulter de la réunion d'un territoire à la France. Il faut notamment citer ici le traité de Turin, du 24 mars 1860 : aux termes de ce traité, les habitants de la Savoie et du comté de Nice sont devenus français, sauf ceux qui, transportant leur domicile en Italie, s'y fixant, ont opté, dans un délai d'un an à partir du traité, pour la nationalité italienne.

Section IV. — Perte de la qualité de français.

§ 1. — DANS QUELS CAS ON PERD LA QUALITÉ DE FRANÇAIS. — Avant 1889, on perdait la nationalité française d'un assez grand nombre de manières, dont deux ont disparu avec la nouvelle loi : 1° L'établissement d'un français en pays étranger, *sans esprit de retour*; 2° L'affiliation à une corporation militaire étrangère.

Aujourd'hui on compte encore sept causes de perte de la qualité de français, *quand celui-ci a la capacité de changer de patrie* :

A. — *Naturalisation à l'Étranger.* — Le français naturalisé à l'étranger perd la qualité de français (nouv. art. 17). Toute naturalisation suppose en principe l'acquisition d'une nationalité nouvelle, régie par la loi du pays où elle est obtenue, et la perte d'une nationalité qui dépend de la loi du pays auquel appartenait l'individu naturalisé. On comprend, dès lors, que le législateur puisse refuser, dans certains cas, à un français, le droit de perdre la nationalité française, tout en restant indifférent à une acquisition, par naturalisation, de la nationalité étrangère. Le législateur français a donc pu disposer de la manière suivante : « Si le français naturalisé à l'étranger est encore soumis aux obligations du service militaire pour l'armée active, la naturalisation ne fait perdre la qualité de français que si elle a été autorisée par le gouvernement français » (art. 17). Assurer le recrutement, telle est toujours la pensée de la loi de 1889. Il suit de là que, en général, le mineur ne peut pas perdre la qualité de français par une naturalisation étrangère.

Mais, à l'étranger, il y a des naturalisations de plusieurs sortes ; par exemple, en Angleterre, la *denization* n'est qu'une naturalisation imparfaite dont l'effet est de conférer seulement une partie des droits civils. Aussi est-il unanimement admis qu'on ne cesse d'être Français que par l'effet d'une naturalisation donnant au naturalisé la plénitude des droits civils suivant la loi étrangère. Nous disons la plénitude des *droits civils* par opposition aux *droits politiques* : une grande naturalisation, acquise en pays étranger, ne serait donc pas nécessaire.

Ajoutons ici que les rédacteurs du Code civil avaient reconnu aux Français le droit absolu de s'expatrier, mais que Napoléon Ier, qui avait besoin de soldats, rendit le décret du 26 août 1811, par lequel il défendait aux Français, sous des peines extrêmement sévères, de se faire naturaliser à l'étranger sans son autorisation. Le Français naturalisé était, pour ainsi dire, mort civilement. La loi de 1889 abroge expressément ce décret dont l'interprétation avait donné lieu à de nombreuses difficultés.

B. — *Acquisition de la nationalité étrangère par l'effet de la loi.* — Il peut se faire que le Français acquière, *sur sa demande*, la nationalité étrangère, en invoquant en sa faveur certaines dispositions de la loi étrangère, c'est-à-dire en invoquant le bienfait de la loi étrangère. Dans ce cas, il perd également la nationalité française. Même remarque que dans la première hypothèse pour ce qui est du service militaire (art. 17, nouv., C. civ.).

C. — *Répudiation de la nationalité française.* — L'individu qui, étant Français, peut, cependant, opter pour la nationalité étrangère, au moment de sa majorité ou de son appel sous les drapeaux (art. 8, § 4), et réclame cette nationalité étrangère, est évidemment déchu de sa qualité de Français. Il en est de même de l'enfant d'un étranger naturalisé ou d'un ex-Français réintégré qui, Français de plein droit pendant que dure sa minorité, décline cette qualité dans l'année de sa majorité (art. 12 et 18, nouv., C. civ.).

D. — *Mariage d'une française avec un étranger.* — La femme française qui épouse un étranger suit la condition de son mari : elle devient donc en général étrangère. Mais il y a des pays étrangers qui n'admettent pas ainsi, à la suite du mariage, les femmes au nombre de leurs nationaux. Aussi l'art. 19 nouv. C. civ., dispose-t-il que la femme française qui épouse un étranger reste française, si son mariage ne lui confère pas la nationalité de son mari.

E. — *Acceptation de fonctions publiques à l'étranger.* — Le français qui, ayant accepté des fonctions publiques conférées par un gouvernement étranger, les conserve nonobstant l'injonction du gouvernement français de les résigner dans un délai déterminé, perd la qualité de français (nouv. art. 17, C. civ.). On a voulu armer le gouvernement, lui donner le moyen de frapper l'individu qui, en acceptant de telles fonctions, nuirait au pays, porterait atteinte aux intérêts français. Il faut entendre ici par fonctions publiques, celles qui impliquent, dans l'ordre politique, administratif ou judiciaire, une participation quelconque à l'exercice de la puissance publique. Quand il y a doute, les tribunaux apprécient en fait. Ils ont décidé par exemple, que si l'exercice, à l'étranger, de la profession d'avocat ou de médecin ne constituait pas une fonction publique, il n'en était pas de même de l'emploi de chef de gare, de conseiller aulique, de professeur avec traitement du gouvernement étranger, etc.

F. — *Service militaire à l'Étranger.* — Le Français qui, *sans autorisation du gouvernement,* prend du service militaire à l'étranger, perd la qualité de Français, sans préjudice des peines qui frappent celui qui se soustrait aux obligations de la loi militaire (art. 17, nouv., C. civ.). On voit la différence entre ce cas et le précédent. Dans l'hypothèse actuelle, le seul fait de prendre du service à l'étranger entraîne la perte de la qualité de Français ; au contraire, dans l'hypothèse précédente, il est nécessaire que le gouvernement ait ordonné, en vain, au Français exerçant à l'étranger une fonction publique autre que le service militaire, d'avoir à abandonner cette fonction.

La loi a voulu atteindre le Français qui entre au service d'un pays étranger pour y faire régulièrement sa carrière, et qui fait profession des armes, sous un drapeau étranger : cet individu n'appartient plus à la France, et réciproquement. Il n'y a donc déchéance qu'au cas de *prise de service militaire* à l'étranger, et non au cas d'incorporation forcée.

Et même on a appliqué souvent d'une façon très libérale l'ancien art. 21 du Code civil qui contenait des dispositions analogues à celles que nous étudions. Ainsi, d'après la jurisprudence, n'emportent pas déchéance, le service dans la garde bourgeoise d'une ville étrangère, ou l'enrôlement au service d'un prétendant ou d'un gouvernement non reconnu.

De même, des Français ont pu, sans être déchus de leur nationalité, s'enrôler sans autorisation, soit à la suite de Garibaldi, soit dans l'armée pontificale ou combattre aux États-Unis pendant la guerre de la Sécession.

G. — *Commerce et possession d'esclaves.* — Un décret du 27 avril 1848 et les lois des 11 février 1851 et 28 mai 1858 ont également déclaré déchus de la qualité de français ceux qui participeraient à des trafics d'esclaves. Le législateur de 1889 n'a pas abrogé ces dispositions.

§ 2. — EFFETS DE LA PERTE OU DE LA DÉCHÉANCE DE LA QUALITÉ DE FRANÇAIS. — L'individu qui cesse d'être Français cesse en même temps d'avoir la jouissance des droits politiques et des droits civils réservés aux Français. Il est traité, notamment quant aux règles relatives à son état et à sa capacité, comme un étranger appartenant au pays auquel il s'est rattaché.

Mais la dénationalisation ne produit aucun effet à l'égard du conjoint ou des enfants du Français dénationalisé. De même, et d'une manière plus générale, elle ne peut en aucune façon porter atteinte aux droits acquis aux tiers.

Appendice.

PERTE DE LA QUALITÉ DE FRANÇAIS PAR SUITE D'UN DÉMEMBREMENT DU TERRITOIRE.

Ces démembrements du territoire ont eu lieu en 1814 et en 1871.

I. — En 1814, le démembrement porta sur des provinces réunies à la France depuis 1790 au plus. Les originaires des provinces démembrées cessèrent, *ipso facto*, d'être français (art. 3, loi 14 août 1814), *lorsqu'ils n'avaient pas quitté leur pays*. Si au contraire un Belge, par exemple, s'était installé à Paris, il y avait des distinctions à établir, en tenant compte de la durée plus ou moins longue de cette résidence. Quant aux originaires de l'ancienne France qui se trouvaient établis dans les provinces démembrées, la loi de 1814 ne s'en occupait pas. On admit en général qu'ils étaient restés français à moins que la perte de l'esprit de retour ne fût évidente. On admit enfin que les enfants mineurs devaient suivre la nationalité de leurs auteurs, et qu'ils ne pouvaient devenir français en invoquant les art. 9 et 10 (anciens), C. civ., c'est-à-dire le bienfait de la loi. L'esprit des traités de 1814 et 1815 était, en effet, d'effacer rétroactivement les traces de la conquête française.

II. — En 1871, les questions de nationalité n'ont pas été complètement réglées par l'article 2 du traité de paix du 10 mai 1871 et par la convention additionnelle de Francfort du 11 décembre 1871. Plusieurs distinctions sont, ici, nécessaires.

1° Tous les originaires d'Alsace-Lorraine sont devenus allemands, *quel que fût leur domicile*, à moins d'avoir opté expressément pour la nationalité française dans un délai qui, en dernière analyse, a expiré le 1er octobre 1873, et d'avoir transporté leur domicile en France (art. 1er de la convention additionnelle; circ. ministérielle du 30 mars 1872; art. 2 du traité).

2° Un Parisien habitait Strasbourg en 1871 :

Est-il Allemand ? Les traités sont muets. Le gouvernement allemand a prétendu assimiler les domiciliés aux originaires : il considère ce Parisien comme Allemand, à moins qu'il n'ait opté pour la nationalité française et transporté son domicile en France dans les délais indiqués. Au contraire, le gouvernement français considère ce Parisien comme Français, et sans aucune formalité nécessaire; car celui-ci ne doit pas sa qualité de Français à sa qualité d'originaire d'Alsace-Lorraine, et, avec la théorie prussienne, on devrait déclarer allemand un Turc habitant Strasbourg en 1871.

3° *Enfants mineurs au moment de la séparation.* — Le gouvernement français a accordé aux Alsaciens-Lorrains mineurs, un droit personnel d'option, droit qu'ils ont pu exercer avec l'autorisation de leur père ou de leur tuteur (Circ. de M. Dufaure, 30 mars 1872). Au contraire, le gouvernement allemand a prétendu que ces enfants devaient suivre toujours la nationalité de leurs auteurs (dépêche allemande du 15 juillet 1872). L'Allemagne a voulu ainsi arrêter une émigration en masse : Les Alsaciens-Lorrains qui exerçaient, par exemple, le commerce en Alsace-Lorraine au moment de l'annexion, étaient forcés d'y conserver leur domicile, au moins pendant quelque temps : ils sont devenus allemands. Mais leurs enfants, n'étant pas tenus dans les mêmes conditions, ont, à peu près tous, opté pour la patrie française et sont venus en France satisfaire à leur service militaire. Ils sont, dans ces conditions, considérés comme français par la loi française et comme allemands par la loi allemande.

Mêmes difficultés pour les femmes mariées : le Gouvernement français leur reconnaît un droit personnel d'option.

Section V. — Recouvrement de la qualité de Français.

§ I. — Comment se recouvre cette qualité. — La loi de 1889 détermine les conditions auxquelles on peut recouvrer la nationalité française en considérant comment celle-ci a été perdue. Il faut donc distinguer ici plusieurs hypothèses. Avant d'aborder le cas général, signalons deux situations particulières dans lesquelles peut se trouver l'ex-Français.

A.— *Ex-Française ayant perdu sa nationalité par suite de son mariage avec un étranger.* Si le mariage d'une Française mariée à un étranger est dissous par la mort du mari ou le divorce, cette femme recouvre la qualité de Française *avec l'autorisation du Gouvernement*, pourvu qu'elle réside en France ou qu'elle y rentre en déclarant qu'elle veut s'y fixer (art. 19, C. civ.). L'autorisation du gouvernement est nécessaire : cette veuve était peut-être la femme d'un ennemi ; il n'est pas impossible qu'elle ait contre son pays d'origine les sentiments que lui avait inspirés son mari. Le Gouvernement ne doit donc lui restituer qu'en parfaite connaissance de cause la nationalité française : il rendra un décret.

B.— *Ex-Français ayant pris du service à l'étranger.* — Le Français qui, sans autorisation du gouvernement, prend du service militaire à l'étranger, ne peut rentrer en France qu'en vertu d'une permission accordée par décret, et recouvrer la qualité de français qu'en remplissant les conditions imposées à l'étranger pour obtenir la naturalisation ordinaire, art. 21 nouv., C. civ.). Ainsi cet ex-français doit obtenir d'abord la *per-*

mission de rentrer en France, et, par un second décret, la naturalisation, sa situation est peu favorable; on comprend qu'il en soit ainsi.

C. — Cas général. — Un français, après avoir perdu sa qualité autrement que par la prise de service militaire à l'étranger, ou le mariage avec un étranger, veut se faire réintégrer dans sa nationalité. Il peut, dit le nouvel article 18, C. civ., recouvrer cette nationalité, pourvu qu'il réside en France, en obtenant sa réintégration par décret. Il est donc inutile soit qu'il fasse une déclaration quelconque, soit qu'il obtienne l'autorisation de rentrer en France.

D. — Remarques. — Tous ceux qui demandent leur réintégration restent soumis, sur ce point, au pouvoir discrétionnaire du Gouvernement : Par leur inconstance, ils ont mis leurs concitoyens en défiance de leur fidélité; une simple déclaration ne saurait donc suffire, il faut qu'ils obtiennent un décret de réintégration. La réintégration est donc une sorte de naturalisation, mais une naturalisation de faveur, car toute condition de stage est supprimée. Nous avons dit plus haut qu'un majeur seul pouvait changer de patrie. Donc un majeur seul peut demander sa réintégration.

§ 2. — EFFETS DU RECOUVREMENT.

A. — Effets quant à la personne du réintégré. — Les Français qui recouvrent cette qualité après l'avoir perdue, acquièrent immédiatement tous les droits civils et politiques, même l'éligibilité aux Assemblées législatives (art. 3, Loi du 26 juin 1889). Ainsi, au point de vue des droits politiques, la condition de ces ex-français est meilleure que celle de l'étranger naturalisé, puisque ce dernier est obligé de faire un certain stage avant d'être éligible aux Assemblées législatives. Il faut cependant, pensons-nous, faire une exception : Le Français qui a pris du service à l'étranger ne serait pas, une fois réintégré, immédiatement éligible; il devrait être, sur ce point, seulement assimilé à l'étranger naturalisé.

B. — Effets quant à la famille du réintégré. — Le même décret qui accorde la réintégration à un ex-Français peut accorder également la qualité de Français à la femme de cet ex-Français, et à ses enfants *majeurs*, s'ils en font la demande (art. 18, C. civ.). Comme ces mêmes enfants, issus d'une ex-Française, ont *le droit* de réclamer à tout âge la qualité de Français, aux termes de l'article 10, on ne conçoit guère qu'il leur soit fait ici une simple *faveur*. Il y a donc là un manque d'harmonie dans la loi. Quant aux enfants *mineurs* du père ou de la mère réintégrés, ils deviennent Français, à moins que, dans l'année qui suit leur majorité, ils ne déclinent cette qualité en se conformant aux dispositions de l'art. 8, § 4, nouv., C. civ. — Art. 18, nouv., C. civ.

Supposons maintenant qu'une femme française soit devenue étrangère par suite de son mariage avec un étranger; son mari vient à mourir :

La femme peut alors demander sa réintégration. Dans ce cas, la qualité de Français peut être accordée par le même décret de réintégration, aux enfants mineurs, sur la demande de la mère, ou par un décret ultérieur, si la demande en est faite par le tuteur avec l'approbation du Conseil de famille (nouvel art. 19 du C. civ.).

En tous cas, les individus qui acquièrent la qualité de Français dans les deux hypothèses qui précèdent ne peuvent s'en prévaloir que pour les droits ouverts à leur profit depuis cette époque (art. 20, nouv., C. civ.).

CHAPITRE II.

CONDITION, EN FRANCE, DES ÉTRANGERS NON ADMIS A DOMICILE.

Les art. 7 et 8, C. civ., modifiés par la loi de 1889, posent les principes suivants : 1° Tout Français jouit des droits civils; 2° L'exercice des droits civils est indépendant de l'exercice des droits politiques, lesquels s'acquièrent et se conservent conformément aux lois constitutionnelles. Les Français sont donc régis par le Code civil tout entier. Mais les étrangers ne sont pas soumis exactement aux mêmes règles; il faut donc étudier leur situation juridique en France. *Nous supposerons toujours qu'il s'agit d'étrangers non admis à domicile.*

Section I. — Historique. — Droits successoraux.

Dans l'ancien droit, les étrangers s'appelaient aubains *(alibi nati)*, ou épaves. La condition des aubains, fort dure sous la période féodale, s'adoucit sous la période monarchique. On distingua, dans le droit privé, les choses du droit des gens, et celles du droit civil. Les droits et facultés qui font partie du *jus commune gentium* (on y rangea les modes de transmettre et d'acquérir, entre vifs, la propriété) furent accordés aux étrangers à qui on refusa la jouissance des droits appartenant au *jus proprium civium* (on rangea, parmi ces derniers, les transmissions *de mortuo ad vivum*). Les étrangers purent donc contracter, acheter, vendre, être donateurs et donataires ; ils ne purent transmettre ou recevoir par décès. L'aubain vivait libre, il mourait serf. En sorte que la succession des étrangers revenait au roi en vertu du *droit d'aubaine.*

On avait fait exception pour le cas où l'étranger mourait en laissant comme héritiers des *enfants français (jure soli)* ; n'étaient pas non plus soumis au droit d'aubaine : les étrangers habitant les provinces de droit écrit; ceux fréquentant les foires de Champagne, de Lyon; certains artistes étrangers appartenant aux manufactures royales ; les étudiants étrangers, etc. En un mot, on supprimait le droit d'aubaine en faveur de ceux que l'on voulait attirer en France.

Vers la fin de l'ancien droit, quelques traités avec des nations étrangères portèrent suppression du droit d'aubaine, qui fut remplacé par un prélèvement d'un dixième au profit du roi ; c'est ce qu'on app^la le droit de *détraction*.

Dès le début de la Révolution, les droits d'aubaine et de détraction sont abolis : au point de vue successoral, les étrangers sont assimilés aux Français. Le législateur cède alors à des considérations humanitaires, sans s'occuper de savoir si, par réciprocité, il obtiendra des nations étrangères une situation analogue pour les Français qui se trouveraient à l'étranger. En fait, il n'en obtint pas.

En conséquence, les rédacteurs du Code civil posèrent, dans l'art. 11, le principe général de la *réciprocité diplomatique* : L'étranger jouit en France des mêmes droits civils que ceux qui sont accordés aux Français par les *traités* de la nation à laquelle cet étranger appartient. Donc, sous le régime du Code, quelle que fût la situation de fait résultant, pour un Français, de la loi d'un pays étranger, s'il n'y avait pas un traité, stipulant la réciprocité, entre la France et ce pays, l'étranger appartenant à celui-ci ne pouvait, en France, acquérir par succession ; il ne pouvait par suite, quand il habitait la France, transmettre sa succession qu'à des héritiers français. Le droit d'aubaine était, dans une certaine mesure, rétabli (art. 726, C. civ.). Il y a plus : l'étranger, en l'absence d'un traité, ne pouvait même pas acquérir par donation : le code était, vis-à-vis des étrangers, plus sévère que notre ancien Droit, puisque la donation y était possible aux aubains (art. 912, C. civ.).

La loi du 14 juillet 1819, intitulée : de l'abrogation des droits d'aubaine et de détraction, a abrogé les deux articles 726 et 912. On revenait au système de la Constituante, mais par des motifs bien différents. Ce n'était plus Jean-Jacques Rousseau et la fraternité universelle qu'on invoquait pour assimiler, au point de vue de l'acquisition des biens, les étrangers aux Français ; c'était la nécessité.

A la suite des guerres du Iᵉʳ Empire, en effet, tous les capitaux étaient sortis de France ; pour les y ramener, on assura aux étrangers qui voudraient faire du commerce avec la France, y acquérir des biens, etc., les mêmes droits de transmission qu'aux Français. La loi de 1819, cependant, réserve aux héritiers français, sur les biens de la succession situés en France, un *droit de prélèvement*, à l'encontre des cohéritiers étrangers, au cas d'impossibilité, pour les héritiers Français, de partager les biens successoraux situés à l'étranger.

Section II. — Droit d'agir en justice.

§ 1. — Un Français agit contre un étranger. — Un étranger est débiteur d'un Français : celui-ci devra-t-il aller assigner son débiteur l'étranger, devant le tribunal du domicile de ce dernier, conformément au principe général : *actor sequitur forum rei ?* Cela serait souvent bien difficile au Français créancier, le mettrait, de plus, à la merci des tribunaux étrangers, tout en lui imposant des frais nécessaires quelquefois considérables. La règle *actor sequitur* ne pouvait donc s'appliquer ici ; par conséquent, le Français demandeur pourra poursuivre devant les tribunaux français son débiteur étranger, et cela, dans tous les cas, quel que soit le lieu où l'obligation est née, quelle que soit la résidence de l'étranger. Le tribunal français compétent sera en général celui qui est le plus rapproché du pays où réside l'étranger débiteur. Les formalités nécessaires pour faire parvenir l'assignation à celui-ci sont étudiées en procédure.

§ 2. — UN ÉTRANGER AGIT CONTRE UN FRANÇAIS. — Les tribunaux français sont encore compétents dans ce cas, quel que soit le lieu où l'obligation est née (art. 14, C. civ.). Le tribunal compétent est, en matière d'obligations, celui du domicile du français défendeur : *actor sequitur forum rei.*

Mais, dans cette hypothèse, on voit immédiatement le danger : l'étranger peut intenter un procès et ne pas le gagner, parce que son procès est mauvais ; s'il succombe, il sera condamné aux frais et même, en général, à des dommages-intérêts vis-à-vis du Français défendeur, en compensation des ennuis que celui-ci a subis. Dans ces conditions, le Français éprouvera une très grande difficulté à se faire rembourser les frais qu'il a pu faire, à obtenir le paiement des dommages-intérêts : presque toujours l'étranger n'a pas de biens en France : le Français devrait donc aller à l'étranger intenter sa juste revendication.

A. — CAUTION JUDICATUM SOLVI. — En conséquence, l'art. 16, C. civ., permet au Français assigné par un étranger d'exiger qu'il fournisse caution, c'est-à-dire qu'il présente une personne solvable qui s'engage à répondre, à défaut de l'étranger, des frais et, s'il y a lieu, des dommages-intérêts. Le Français défendeur exerce son droit au moyen d'une exception dilatoire de procédure ; il se refuse à plaider jusqu'à ce que la caution ait été fournie. Le Tribunal fait droit à sa demande, et l'affaire est momentanément suspendue.

a) Conditions. — Seul l'étranger demandeur doit donner la caution *judicatum solvi.* L'étranger défendeur n'est point astreint à cette obligation. Pourquoi cette différence ? Si la loi avait exigé la caution de l'étranger défendeur, le refus de caution n'eût pas arrêté le procès : c'eût été un moyen trop commode, pour l'étranger, de repousser la demande ; on aurait dès lors été conduit à décider que l'étranger qui ne donnerait pas la caution serait toujours jugé par défaut, sans être entendu, sans pouvoir se défendre : conséquence évidemment excessive. Ajoutons que, jusqu'à preuve du contraire, celui à qui on réclame l'exécution d'une obligation est réputé libre de tout engagement : cette présomption protège tous les défendeurs, les étrangers comme les français.

L'art. 16 se relie évidemment aux articles précédents qui ne s'occupent que de contestations pendantes entre français et étrangers. Donc le défendeur doit être Français (ou étranger admis à domicile) pour pouvoir exiger du demandeur étranger la caution *judicatum solvi*. La loi ne s'occupe pas ici des contestations entre étrangers.

b) Dans quels cas le demandeur étranger n'a pas à fournir la caution. — La caution n'a pas à être fournie :

1° En matière commerciale (art. 16) : Ce serait entraver le commerce qui d'ailleurs est cosmopolite ;

2° Quand l'étranger demandeur possède en France des immeubles d'une valeur suffisante (art. 16). Il y a là un danger auquel la loi n'a pas suffisamment paré : l'étranger peut, pendant l'instance, aliéner ses immeubles. Si le prix n'a pas encore été payé à l'étranger vendeur, le défendeur Français pourrait arrêter ce paiement en formant opposition, sur ce prix, entre les mains de l'acquéreur. Mais si le prix a été payé et si le défendeur français connait l'aliénation, c'est-à-dire s'il a pris le soin de surveiller, au bureau des hypothèques, le registre des aliénations, il pourra exiger la caution *judicatum solvi* même pendant l'instance, bien qu'en général cette caution se demande au début même du procès, *in limine litis*. Enfin, si l'aliénation a été faite à un compère, le défendeur pourra peut-être faire tomber cette aliénation par application du principe général de l'art. 1167. Mais on voit que la loi aurait pu mieux garantir, dans notre hypothèse, le Français défendeur.

3° Quand l'étranger consigne une somme suffisante arbitrée par le juge (art. 167, C. proc.) : La consignation vaut encore mieux qu'une caution, qui peut devenir insolvable.

4° Quand l'étranger est autorisé à résider en France.

5° Quand il existe un traité, entre la France et la nation à laquelle le demandeur étranger appartient, qui dispense l'étranger de donner la caution.

Section III. — Autres dispositions relatives aux étrangers.

§ 1. — CONTRAINTE PAR CORPS. — Avant la loi du 22 juillet 1867 qui a supprimé la contrainte par corps (prison pour dettes), en ne la laissant subsister qu'en matière pénale, la situation des débiteurs étrangers était plus sévèrement réglée que celle des français (Loi du 27 avril 1832).

§ 2. — CESSION DE BIENS. — La cession de biens était un bénéfice accordé au débiteur malheureux et de bonne foi, qui pouvait abandonner ses biens à ses créanciers, pour éviter la contrainte par corps. Les étrangers n'avaient pas (art. 905, C. proc.) le bénéfice de cession de biens. Ce bénéfice a disparu, depuis que la contrainte par corps n'existe plus. La contrainte existe bien encore en matière pénale, mais, dans ce cas, le débiteur est rarement malheureux et de bonne foi : il ne peut donc que rarement faire cession de biens.

§ 3. — MINES. — L'étranger peut obtenir des concessions de mines en France (art. 13, Décret du 11 avril 1808).

§ 4. — BREVET D'INVENTION. — L'étranger a le droit de se faire délivrer en France des brevets d'invention (art. 27, Loi du 5 juillet 1844).

§ 5. — MARQUES DE FABRIQUE. — L'étranger a le droit d'invoquer les mesures qui protègent les marques de fabrique (art. 5, Loi du 23 juin 1857).

Section IV. — Condition générale des étrangers en France.

§ 1. — DROITS POLITIQUES. — Les *droits politiques* font participer ceux qui en ont l'exercice à la gestion plus ou moins directe des affaires de l'État. Les étrangers en sont exclus : il y aurait danger pour un pays à admettre les étrangers à une semblable participation.

§ 2. — DROITS QUASI-POLITIQUES. — Ces droits donnent à ceux qui en on l'exercice une certaine part de la puissance publique. La faculté d'exercer certaines fonctions publiques, administratives ou judiciaires, d'être notaire, juré, témoin, etc., est comprise dans ces droits.

Ces droits sont également refusés aux étrangers ; de même, il a été jugé qu'un étranger ne pouvait être ni membre d'un conseil de fabrique, ni avocat.

§ 3. — DROITS PUBLICS. — Les droits publics résultent des principes de la liberté de conscience et de la liberté individuelle. Ils assurent aux individus l'exercice de leurs facultés physiques, intellectuelles, et morales. Ces droits appartiennent, et avec raison, aux étrangers. Mais comme un étranger peut devenir gênant en France, l'art. 7 de la loi du 3 décembre 1849 permet de reconduire cet étranger à la frontière, par mesure de police, de sûreté générale, sur un simple arrêté du Ministre de l'Intérieur ou des préfets des départements frontières. Au contraire, on ne peut expulser un Français que si la Cour d'assises le condamne à la peine du bannissement.

§ 4. — DROITS PRIVÉS. *A. — Principes.* — Les droits qui rentrent dans le droit privé, c'est-à-dire les droits civils, sont ceux qui peuvent être invoqués vis-à-vis des particuliers pour la défense des intérêts privés. Dans quelle mesure les étrangers non admis à domicile participent-ils aux droits civils ?

Une première réponse à cette question est contenue dans l'article 11 du Code civil : l'étranger jouit, en France, des mêmes droits civils que ceux qui sont accordés aux Français par les traités de la nation à laquelle cet étranger appartient. C'est le principe, déjà signalé, de la réciprocité diplomatique.

Mais supposons qu'il n'existe aucun traité entre la France et le pays auquel appartient l'étranger dont il s'agit de régler la situation au point de vue de la jouissance des droits civils.

Quelle solution adopter ? D'abord, en 1819, des points très importants nous l'avons vu, ont été fixés. Pour les autres droits civils, trois systèmes principaux sont en présence.

1ᵉʳ Système. — Même en l'absence de traités, les étrangers jouissent en France de tous les droits civils, à l'exception de ceux qui leur sont refusés, soit explicitement, soit implicitement, par la loi. La capacité, en droit français, est, en effet, la règle.

Ce système conduit aux conséquences suivantes : Il n'y a plus désormais, dans le droit privé, que trois différences entre la situation juridique des étrangers et celle des français :

1° La règle *actor sequitur forum rei* ne s'applique pas à l'étranger défendeur qui ne réside pas en France (art. 14, C. civ.) ; 2° l'étranger demandeur doit la caution *judicatum solvi* (art. 16, C. civ.) ; 3° l'état et la capacité des étrangers sont régis par la loi étrangère (art. 3. C. civ.)

2ᵉ Système. — La jurisprudence admet que les étrangers jouissent, en France, des facultés et des avantages qui dérivent du droit des gens, *jus commune gentium*, et non de ceux qui dérivent du droit civil, *jus proprium civium*. On argumente, dans ce système, de l'art. 11 du C. civ., *a contrario*, et de la tradition historique.

Les conséquences de ce système sont les suivantes : l'étranger peut passer, en France, tous contrats, se marier, avoir sur ses enfants la tutelle, le droit d'éducation, de garde, de correction : ces droits appartiennent au *jus gentium*. Il n'aura pas la faculté d'adopter, le droit de jouissance légale, la tutelle dative : ces droits, en effet, appartiennent au *jus civile*.

3ᵉ Système. — En l'absence de traités, l'étranger ne jouit, en France, que des droits qui lui ont été explicitement accordés par un texte de loi.

Conséquences de ce système : 1° l'étranger peut contracter, en France, puisqu'il peut y assigner (art 14., C. civ.) ; 2° l'étranger peut avoir la propriété des immeubles (arg. art. 3., C. civ.) ; 3° il peut ester en justice (*stare in judicio*) : (arg. de l'art. 16, C. civ.); 4° l'étranger peut se marier (arg. art. 12 et loi du 26 juin 1889) : donc il peut exercer tous les droits de la puissance maritale et de la puissance paternelle.

Mais, puisqu'aucun texte ne le permet ni expressément, ni tacitement, l'étranger ne pourrait pas être adopté, adopter, être tuteur, faire partie d'un conseil de famille.

B. — *Applications.* — En dernière analyse et quel que soit le système qu'on adopte, on voit que les étrangers peuvent jouir, en France, à peu près de tous les droits civils. Mais il n'en faut pas conclure qu'ils puissent invoquer en leur faveur toutes les dispositions de nos codes, car ils sont, en tant qu'étrangers, soumis, en plusieurs points, à la loi de leur pays d'origine, qui les suit, dans certains cas, partout où ils vont. L'art. 3 du Code civil pose, en effet, des principes fondamentaux dont nous avons, maintenant, à leur faire application.

a) Les lois de police et de sûreté, émanées du législateur français, intéressent l'ordre public et les bonnes mœurs ; elles sont obligatoires pour tous ceux qui habitent le territoire français . Le danger pour l'ordre social est, en effet, le même, quelle que soit la nationalité de l'agent. Exemple : un fils peut être obligé à fournir des aliments à son père, bien qu'ils soient étrangers tous les deux, quand ils résident en France.

b) Les lois qui régissent les *conditions de forme* des actes sont applicables à l'étranger résidant en France : *Locus regit actum*. Cette règle est rationnelle, car on ne peut imposer, à ceux qui veulent passer un acte, des formalités qui n'ont pas cours dans le pays où ils le passent.

c) Lois personnelles. — Les lois du statut personnel, c'est-à-dire celles qui régissent l'état et la capacité des personnes, suivent l'individu partout où il se trouve. Donc, l'étranger sera, quant à son état et sa capacité, régi, en France, par sa loi d'origine (arg. de réciprocité, art. 3 C. civ.). L'article 3, en effet, décide que le statut personnel français suit le Français en pays étranger. Si la loi française veut obtenir des autorités étrangères le respect de cette règle, il est juste qu'elle applique le même système aux étrangers résidant en France. Cette solution doit être maintenue tant que la loi étrangère n'aboutit pas à la contradiction d'une règle formellement admise par la loi française, tant que son observation ne compromet pas l'ordre public et les bonnes mœurs : un étranger dans le pays de qui la polygamie est permise, ne pourrait épouser, en France, plusieurs femmes à la fois.

d) Les lois réelles sont celles qui s'appliquent aux choses.

I. — Les biens peuvent être envisagés individuellement, *singulatim.* Dans ce cas, les biens appartenant à des étrangers, et situés en France, sont régis par la loi française : Un étranger qui a des meubles en France, ne pourrait les hypothéquer, quelle que fût, sur ce point, la législation de son pays d'origine, puisque, en France, les immeubles seuls sont susceptibles d'hypothèque.

II. — Les biens peuvent être envisagés, au contraire, comme constituant une universalité juridique, un bloc ; ex. : l'ensemble des biens qui composent une succession. Si la succession se compose d'immeubles situés en France, la loi qui la régit est la loi française : s'il s'agit, au contraire, d'une succession mobilière, les uns déclarent applicable la loi du domicile du défunt, les autres la loi nationale de celui-ci.

APPENDICE

ÉTRANGERS AUTORISÉS

A. — Les règles et les conséquences juridiques de l'admission à domicile ont été exposées plus haut. Il convient de rappeler quelle est la situation, en France, de l'étranger autorisé : 1° Qu'il y ait, ou non, des traités avec son pays d'origine, l'étranger autorisé jouit, en France, de tous les droits civils (art. 13); 2° S'il est demandeur, il n'a pas à donner la caution *judicatum solvi*; il peut l'exiger d'un demandeur, étranger ordinaire; 3° Quand un étranger autorisé est partie, dans un procès, contre un étranger ordinaire, les tribunaux français ne peuvent se déclarer incompétents, ce qui arrive fréquemment quand deux étrangers ordinaires sont, l'un demandeur, l'autre défendeur.

B. — *Différences entre le Français et l'étranger autorisé.*

1° L'étranger admis à domicile ne jouit point des droits politiques et quasi-politiques; 2° ses enfants ne sont pas, dans tous les cas, Français de plein droit (Loi du 26 juin 1889); 3° La loi étrangère régit son statut personnel; 4° Il peut être expulsé, par décision ministérielle, pour une durée de deux mois au plus. Cette durée devient indéfinie, quand le Chef de l'État révoque l'autorisation de domicile.

BIBLIOTHÈQUE NATIONALE
R.F.
IMPRIMÉS

IMPRIMERIE F. MAS, 194, AVENUE DU MAINE

www.ingramcontent.com/pod-product-compliance
Lightning Source LLC
LaVergne TN
LVHW050335030726

842520LV00005B/1928